GO! GO! 과학 특공대 05

온도와 상태를 변화시키는 열

정완상 지음

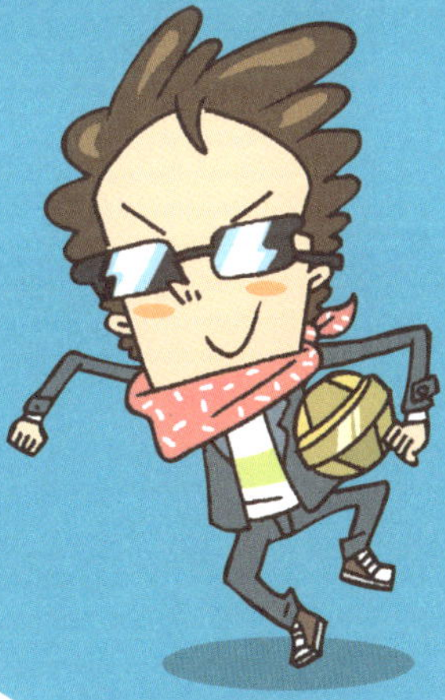

BooksHill
이치사이언스

추천의 글

여러분은 상상이 잘 안 되겠지만 선생님은 초등학교 시절 교과서 외에 읽을 수 있는 책이 없었습니다. 한 권 있는 지도책을 등잔불 밑에서 보고 또 보며 세계 여러 나라와 도시 이름을 외우며 상상의 나래를 펼치곤 했지요. 50여 년이 지난 지금도 그때 너덜너덜해진 지도책을 생각하면 저절로 지구상의 모든 나라들이 머릿속에 그려집니다. 읍내에 있는 중학교에 들어가면서 다행히 뉴턴과 아인슈타인, 에디슨 등과 같은 인물들을 책으로 만날 수 있었고, 그때부터 저는 과학자가 되겠다는 꿈을 키웠고 대학에서 과학을 전공하고 교수가 되었습니다.

책은 우리 미래를 밝히는 등대입니다. 선생님은 "Go! Go! 과학특공대"가 여러분을 더 넓은 세상과 더 나은 미래로 이끄는 푸른 신호등이 되리라 확신합니다. 여러분들이 학교에서 배우고 있는 내용들을 즐겁고 재미있게 느끼도록 만들었으니까요.

위대한 과학자 뉴턴은 "나는 진리의 바닷가에서 반짝이는 조개껍질 하나를 줍고 기뻐하는 어린아이와 같다."라고 했습니다. 여러분도 "Go! Go! 과학특공대"를 읽고 뉴턴이 느꼈던 그 기쁨을 마음껏 누려보길 바랍니다.

전우수(한국초등과학교육학회 회장 · 공주교육대학교 교수)

이 책을 읽는 어린이들에게

　언제나 날 본체만체하는 우리집 야옹이를 알아가는 것, 친구와 하는 내기에서 빨리 셈하는 방법을 알아내는 것, 밤하늘의 반짝이는 별들의 이름을 찾아보는 것은 즐거운 일이지만, 생물을 공부하고, 수학을 공부하고, 과학을 공부를 하는 것은 어렵습니다. 아니, 솔직하게 말해서 공부는 어렵다기보다 하기 싫은 것이죠. 그럼 왜 공부가 하기 싫을까요? 그것은 어른들한테도 어느 정도 책임이 있답니다. 어른들은 1등, 2등밖에 모르기 때문입니다. 사실 엄마 아빠도 모두가 1, 2등을 한 것도 아니면서 말입니다.

　학교 갔다 와서 친구들과 축구를 한다거나 컴퓨터 게임을 하면 재미있죠. 맞습니다. 이 글을 쓴 선생님도 학교 갔다 오면 친구들과 동네를 휩쓸고 다니며 노는 것이 공부보다 즐거웠답니다. 그렇게 놀기만 하다 보니 공부가 점점 더 싫어지더라고요. 그러다가 된통 어머니께 꾸중을 들은 날이 있었습니다. 그날 눈물콧물 줄줄 흘리며 혼자 방 안에 앉아 있는데 '그렇게 놀기만 해서는 커서 빈털터리 건달밖에 안 돼.' 라는 어머니 말씀이 자꾸 생각나더라고요. 그래서 공부하는 데 취미를 붙여 보려고 책 읽는 연습부터 했죠. 하기 싫은 것을 억지로 한다고 해서 될 것이 아니라는 것을 알았기 때문에, 책 읽는 연습부터 한 거예요.

일을 안 하고는 생활할 수 없듯이, 여러분도 아주 조금씩이라도 공부에 관심을 가져야 합니다. 이건 경험을 통해 알게 된 것이에요. 그래서 전 어렸을 적 저처럼 아주 공부하기를 지겨워하는 학생들을 위해 이 책을 썼습니다. 이 책을 재미있게 읽다 보면 몰입하는 즐거움을 느낄 수 있습니다. 몰입이 뭐냐고요? 몰입은 한 가지 일에 푹 빠지는 것을 말합니다. 그러다 보면 바깥이 궁금하고 컴퓨터를 켜고 싶은 생각은 싹 사라지고, 궁둥이도 무거워지겠지요.

이 책에서 여러분은 꼭 배워야 할 내용들을 생활이며, 체험이며, 놀며 즐기는 놀이로 알아갈 수 있습니다. 어떻게 그렇게 하냐고요? 이 책을 통하면 못할 것이 없습니다. 어디든 갈 수 있고 무엇이든 할 수 있죠. 이 책의 주인공들이 경험하는 일들은 모두 우리가 배워야 할 것들이고, 신기하게도 이 친구들을 따라가다 보면 지겨울 틈도, 졸릴 틈도 없답니다. 사실이냐고요? 그럼 선생님 말이 맞나 안 맞나 확인해 보면 되죠. 책장을 펼치고 기대해 보세요. 선생님이 공부를 즐겁게 할 수 있는 마법을 걸어 줄게요. 준비가 되었다면 힘차게 책장을 넘겨 봅시다.

저자 씀

온도와 상태를 변화시키는 열

주인공 소개	8
스테이지1 소녀 첩보원 레이 **열**	10
볼츠만과 채팅하기	24
서프라이즈 진실 혹은 거짓	32
알쏭달쏭 내 생각	33
아하! 알았다 정답	34
스테이지2 라면 사건 **열의 전달**	38
볼츠만과 채팅하기	48
서프라이즈 진실 혹은 거짓	54
알쏭달쏭 내 생각	55
아하! 알았다 정답	56

스테이지3 오줌 식수 **물질의 변화**   58
    볼츠만과 채팅하기   68
    서프라이즈 진실 혹은 거짓   76
    알쏭달쏭 내 생각   77
    아하! 알았다 정답   78

스테이지4 테리움 X를 빼앗아라 **기체의 팽창**   80
    볼츠만과 채팅하기   92
    서프라이즈 진실 혹은 거짓   96
    알쏭달쏭 내 생각   97
    아하! 알았다 정답   98

● 주인공 소개 ●

케미팬

화학천재 케미팬은 12살 소년이다.
그는 다른 아이들처럼 학교에 다니지 않고 아버지가 만들어 주신 SR로 모든 공부를 할 수 있다.
SR이 뭐냐고?
SR은 Scientific Reality, 즉 번역하면 '과학현실'이라는 프로그램이다. 우리가 가상현실 게임 속에서 로켓 조종사가 되기도 하고 골프선수가 되기도 하듯 SR을 통해서 케미팬은 화학에 대한 모든 것을 여행하며 배울 수 있다.

케미팬이 오늘 배우고 싶어하는 주제는 열에 관한 것이다. 화학천재에게 그런 게 왜 필요하냐고? 아빠는 기본 개념에 충실해야 한다고 항상 강조하신다. 그래서 케미팬은 열에 대한 SR을 시행하기로 결심했다.
케미팬이 SR의 초기화면에서 '과학 〉 화학 〉 열 〉'을 선택하자 다음과 같은 메시지가 나타났다.

열에 대한 SR 프로그램입니다.
당신은 다음 상황을 체험하게 됩니다.
☐ 케미팬, 첩보원 되다.

소녀 첩보원 레이
열

모든 물질은 **분자**라는 작은 알갱이로 이루어져 있다. 분자들은 열을 받으면 에너지를 얻어 움직임이 활발해지는데, **온도가 높으면 빠르게** 움직이고 **온도가 낮으면 느리게** 움직인다.

케미팬은 대한민국 첩보국 특수 공작원이다. 그는 주변에 있는 사물을 이용하여 뭐든지 만들 수 있다. 그가 마술사냐고? 그렇지는 않다. 과학을 이용하여 모든 걸 만드는 거니까.

케미팬은 모처럼 휴가를 받아 푸른 파도가 넘실대는 바닷가에서 조용히 책을 읽고 있었다. 주변은 해가 지고 어둠이 깔렸지만 케미팬이 앉아 있는 해변 도로는 몇 개의 가로등불이 비추고 있어서 그다지 어둡지는 않았다.

따르릉 따르릉—.

조용한 바닷가에 케미팬의 휴대전화 벨소리가 울려 퍼졌다.

"케미팬! 특수임무다."

첩보부 톰슨 국장의 전화였다. 톰슨 국장은 케미팬의 직속상관으로 항상 그에게 특수임무를 맡겼다.

"무슨 일이죠?"

케미팬이 조심스레 물었다.

"지금 당장 요트를 타고 오는 소녀를 만나라. 자세한 얘기는 그 소녀에게 듣도록!"

뚜뚜뚜—

톰슨 국장은 짧은 말만 남기고 전화를 뚝 끊어 버렸다.

"에이…… 뭔 놈의 직장이 휴가 중인데도 전화해 일거리를 주냐!"

케미팬은 여유롭던 휴가 분위기를 단번에 깨버린 휴대 전화를 흘겨보며 투덜거렸다.

케미팬은 눈을 돌려 바다를 보았다. 저 멀리 요트 하나가 바다를 가르며 육지 쪽을 향하고 있었다.

"저 요트인가 보군!"

케미팬은 망원경을 꺼내 요트를 살펴보았다. 그런데 유심히 보니 요트는 육지로 다가오기는커녕 점점 더 바다 쪽으로 밀려나가고 있었다. 그리고 요트 위에서 한 소녀가 돛의 방향을 바꿔 가며 육지로 상륙하려고 안간힘을 쓰고 있었다.

"가만…… 왜 못 오고 저렇게 버둥거리는 거지?"

케미팬은 요트에 뭔가 이상이 생긴 것 같아 슬슬 걱정되기 시작했다. 그리고 즉시 등 뒤로 불어오는 강한 바람을 느꼈다. 바람은 육지에서 바다를 향해 불고 있었다.

"그래…… 물은 같은 열을 받아도 모래처럼 온도가 금방 변하지 않아! 그러니까 낮에 모래는 금방 뜨거워지지만 물은 쉽게 뜨거워지지 않지. 그래서 낮에는 모래 쪽이 뜨거워져 그 쪽의 공기가 위로 올라가면서 빈 곳이 생기니까 바다에 있던 공기가 빈 곳으로 몰려들어 바다에서 육지 쪽으로 바람이 불어. 하지만 밤에는 반대로, 물은 온도가 쉽게 내려가지 않고 모래는 금방 차가워지니까 상대적으로 바닷물의 온도가 더 따뜻하지. 그렇다면 육지에서 바다로 바람이 불게 될 거야."

케미팬은 차근차근 원인을 정리해 보았다. 그러고는 한 치의 망설임 없이 요트를 향해 압축 화살을 쏘았다. 압축 화살은 앞부분이 변기가 막혔을 때 쓰는 '뚫~어!' 기구처럼 흡착력이 강해서 어디든 한 번 붙으면 찰싹 달라붙는 장치였다.

"앗싸, 명중!"

케미팬은 허공을 향해 주먹을 날렸다.

압축 화살은 요트에 정확하게 명중했고, 케미팬이 스위치를 올리자 압축 화살을 연결시킨 전동기가 돌아가면서

줄을 빠르게 감아올렸다. 그 속도에 맞춰서 요트는 점점 육지 쪽으로 끌려왔다.

"앗! 너무 빨라요!"

소녀가 소리를 질렀다. 하지만 한번 작동된 전동기는 줄이 다 감겨야지만 멈출 수 있었다.

'덜커덕!' 하는 소리와 함께 줄이 모두 감기고 뭍까지 온 요트는 바닥이 닿아 큰 충격으로 멈춰 섰다. 관성에 의해 소녀는 요트 앞부분으로 내동댕이쳐졌다.

"앗, 내 발바닥!"

요트에서 내린 소녀는 또 한번 비명을 질렀다. 자갈 위를 맨발로 껑충 뛰어내렸기 때문이다.

"안녕, 나는 소년 첩보원 케미팬이야."

"앗…… 나는 과학 수사부, 아야……, 최고요원 레이

라고 해!"

소녀는 자갈 위에 엉거주춤 서서 말했다.

"우와! 너 정말 귀엽다."

케미팬은 할 말을 잃고 잠시 넋 나간 사람처럼 레이의 얼굴을 뚫어져라 쳐다보았다. 누가 봐도 레이는 공작원처럼 보이지 않았다.

레이는 케미팬이 전동기를 이용해 사정없이 줄을 잡아당긴 것에 화가 난 것 같았지만 곧 화를 풀고 멍하니 자신만 바라보고 있는 케미팬에게 임무를 자세히 설명해 주었다.

"화학자 테로우가 지구를 수십 번 폭발시키고도 남을 무시무시한 신물질 테리움 X를 비밀리에 만들고 있어. 우린 그 음모를 막아내고 그 물질을 입수해 와야 해. 그게 우리의 임무야."

레이는 심각한 얼굴로 나직하지만 또박또박 힘주어 말했다.

"테로우가 도대체 어디 있는데……?"

케미팬은 머리를 긁적이며 물었다.

"본부에서 보내 준 정보에 의하면, 이곳에서 그리 멀지 않은 곳에 무인도가 있는데 그곳에 있는 전자레인지 공장이 의심스럽다고 해."

레이는 본부에서 보내 준 지도를 펼쳐 보였다.

"여기서 꽤 먼데……? 그리고 중간에 커다란 사막도 있어. 뭘 타고 가지?"

케미팬은 지도를 찬찬히 살피며 고개를 갸우뚱했다.

"그건 내게 맡겨, 케미팬."

레이는 주머니에서 조그만 리모컨을 꺼내 빨간 버튼을 꾹 눌렀다.

슈우우웅!

그때 어디선가 날렵하게 생긴 차 한 대가 나타나 두 사람 앞에 섰다.

"우와! 말로만 듣던 무인 자동차다."

케미팬은 무인 자동차 여기저기를 만져 보며 놀라움을 금치 못했다.

"뭘 이 정도 갖고 놀라긴. 비스, 문 열어!"

레이가 어깨를 으쓱하며 차를 향해 큰 소리로 명령했다. 그러자 자동차 문이 저절로 열렸다. 케미팬은 사람 말을

 알아듣는 비스에 놀라 입을 다물지 못했다.
 케미팬은 레이와 함께 자동차에 탔다.
 "레이! 이런 차도 있어? 운전대고 없고 모두 디지털 버튼만 있잖아. 정말 비스가 우릴 목적지까지 데려다 줄 수 있는 거야?"
 케미팬이 의심과 걱정이 뒤섞인 눈으로 레이를 보며 물었다.

"아까 보고도 몰라? 비스는 무인 조종 자동차야. 촌스럽긴……."

레이는 케미팬을 놀리듯 흘겨보았다.

"비스, 출발! 입력된 지도를 따라가!"

비스는 레이의 명령에 따라 미끄러지듯 조용히 도로 위를 달렸다.

케미팬은 차 안이 조금 덥다는 생각이 들어 운전석 옆에 있는 온도계를 보았다. 온도계에는 68이라는 숫자가 써 있었다.

"엥, 68도? 우릴 통닭으로 만들 일 있어? 레이, 온도 좀 낮춰 봐."

케미팬은 이마의 땀을 닦으며 레이에게 말했다. 하지만 레이는 그새 잠이 들어서 아무리 깨워도 일어나지 않았다.

"하는 수 없지, 내가 시도해 봐야지."

케미팬은 조심스럽게 비스에게 말을 붙였다.

"온도를 바꾸려면 어떻게 하면 되지, 비스……?"

"원하는 온도를 말하세요."

비스가 정중하게 대답했다.

"좋아! 지금은 너무 더워. 23도로 해줘."

비스의 대답에 자신감이 생긴 케미팬은 당당하게 원하는 온도를 말했다.

"네! 알겠습니다."

비스는 다시 정중하게 대답하고 즉시 실내 온도를 낮췄다. 곧 팬 돌아가는 소리가 요란하게 들리고 차 안은 금세 추워지기 시작했다. 케미팬은 영문을 몰라 달달 떨고만 있었다. 잠을 자고 있던 레이도 추위를 느끼고 잠에서 깼다.

"어떻게 된 거야? 차가 왜 이렇게 아이스크림 창고같이 추워졌어?"

레이는 사시나무 떨듯 오들오들 떨며 차 안을 살폈다.

"난 온도를 23도로 맞추었을 뿐이야. 자동 온도 조절장치가 고장 났나 봐."

케미팬은 추위를 이겨내기 위해 양손으로 열심히 볼을 비벼대며 대답했다.

"뭐, 23도?"

레이는 재빨리 온도계를 확인했다. 23이라는 숫자가 분명하게 표시되어 있었다.

"23도면 딱 적당한 온도잖아, 왜?"

"이 바보야! 이 차는 미국 국내용 차라서 온도가 화씨로 되어 있다고. 어이구, 화씨로 23도는 섭씨로 영하 5도란 말이야!"

레이는 주먹을 쥐어 케미팬에게 꿀밤을 주었다.

"허걱, 그걸 몰랐네! 헤~ 나의 실수!"

케미팬은 꿀밤 맞은 머리를 비비적거리며 멋쩍게 웃었다.

당신은 스테이지 1을 간신히 통과했습니다.
아이템은 받을 수 없습니다.

볼츠만과 채팅하기

볼츠 님{볼츠만}이 입장하셨습니다.

케미 님{케미팬}이 입장하셨습니다.

열과 온도

볼츠: 열이 뭔지 알아?

케미: 그야, 뜨거운 거 아닌가요?

볼츠: 오~ 노! 열은 에너지야. 뜨거운 곳에서 차가운 곳으로 흐르는 에너지.

케미: 높은 데서 낮은 데로 흐르는 물처럼 말이죠?

볼츠: 조금 다르긴 하지만 비슷한 비유로 인정!

케미: 그럼 온도는 뭐죠?

볼츠: 온도는 물질의 뜨겁고 차가운 정도를 숫자로 나타낸 거.

볼츠만(Ludwig Eduard Boltzmann, 1844~1906) 통계역학을 발전시킨 오스트리아의 이론물리학자. 볼츠만방정식을 도입하여 '기체 분자의 속도가 어떻게 분포되어 있는지를 계산'한 맥스웰볼츠만분포를 확립했으며, 열역학 제2법칙의 비가역성을 역학의 입장에서 설명했다. 또한 엔트로피 개념을 통계역학적으로 정식화했다.

케미: 그럼 왜 열을 받으면 온도가 올라가는 거예요?

볼츠: 모든 물질은 분자라는 작은 알갱이로 이루어져 있어. 그리고 분자들은 열을 받으면 에너지를 얻어 움직임이 활발해지지. 즉, 이런 분자들이 빠르고 신나게 뛰어다니고 있으면 온도가 높은 거고 힘없이 느리게 기어 다니면 온도가 낮은 거야.

케미: 비유할 만한 것 없어요?

볼츠: 포켓볼 알지? 그거, 공을 천천히 치면 맞은 당구공들이 천천히 움직이잖아. 이건 열을 적게 받았을 때 분자들이 노는 거랑 비슷해.

케미: 그럼 빠르게 치면 맞은 당구공들이 정신없이 빠르게 움직이는 거, 그건 열을 많이 받았을 때 분

자들이 노는 거랑 비슷?

볼츠: 오케바리.

비열

케미: 같은 열을 받아도 물질에 따라 온도가 팍팍 잘 올라가는 게 있는가 하면 아주 느릿하게 올라가는 것도 있잖아요? 그건 왜 그렇죠?

볼츠: 비열이 달라서 그래.

케미: 비열? 그게 뭐죠?

볼츠: 어떤 물질 1그램을 1도 올리는 데 필요한 열의 양을 '비열' 이라고 해. 그러니까 비열이 크면 1도를 올리는 데 많은 열이 필요하고 비열이 작으면 적은 열이 필요하지.

케미: 비열이 작으면 금방 뜨거워지겠군요.

볼츠: 물론. 예를 들어 물 1리터를 100도로 끓이는 데는 15분 정도 걸리지만, 같은 양의 쇳조각은 2

분, 은수저는 1분만 있으면 100도에 도달해.

케미: 그럼…… 은수저가 비열이 제일 작군요.

볼츠: 당근. 물은 비열이 아주 큰 물질이라고 생각하면 돼.

케미: 그럼 열의 단위는 뭐죠?

볼츠: 칼로리야. 1칼로리는 물 1그램을 1도 올리는 데 필요한 열의 양이지.

케미: 그럼 물이 아니라 쇳조각이나 은 1그램이면 1도 올리는 데 더 적은 열이 필요하겠군요.

볼츠: 당근…….

문제1-1

물 2그램을 2도 올리는 데 필요한 열의 양은 몇 칼로리인가?

섭씨와 화씨

케미: 화씨온도는 뭐죠?

볼츠: 우리가 보통 사용하는 온도의 단위는 섭씨야. 이것은 물이 어는 온도를 0도로 하고 끓는 온도를 100도로 하여 만든 온도 단위지.

케미: 그럼 화씨는요?

볼츠: 이건 미국 사람들만 사용하는 건데, 물이 어는 온도를 32도, 끓는 온도는 212도로 정한 온도 단위야.

일반적으로 화씨온도와 섭씨온도 사이에는 다음과 같은 관계가 성립해.

$$(화씨온도) = (섭씨온도) \times 1.8 + 32$$

케미: 불편하게 왜 온도 단위를 두 개나 쓰는 거지?(불만!)

문제1-2
섭씨온도로 50도는 화씨온도로는 몇 도인가?

열팽창

케미: 물체가 열을 받으면 커지나요?

볼츠: 맞아. 대부분의 물체는 열을 받아 온도가 올라가면 팽창하고, 열을 잃어 온도가 내려가면 수축하지. 하지만 예외가 있어.

케미: 그게 뭐죠?

볼츠: 물이야.

케미: 어떻게 다른데요?

볼츠: 물은 섭씨 4도일 때 부피가 제일 작아. 그리고 온도가 올라가면 부피가 커지지.

케미: 그럼 똑같잖아요?

볼츠: 끝까지 들어 봐. 그런데 4도보다 온도가 내려가도 부피가 점점 커지거든.

케미: 영하가 되어도요?

볼츠: 물론이야. 물은 영하가 되어 얼음이 되어도 부

피가 커져. 콜라를 냉동실에 넣어 봐. 어떻게 되지?

케미: 터지지요.

볼츠: 맞아. 그건 콜라가 얼음이 되면서 부피가 커지기 때문이야.

케미: 그렇군요.

열팽창의 예

케미: 일상생활에서 볼 수 있는 열팽창의 예를 알려주세요.

볼츠: 음……, 여러 가지 경우가 있어. 예를 들면 유리병의 금속 뚜껑이 잘 열리지 않을 때 뜨거운 물을 부으면 뚜껑이 쉽게 열리잖아? 그것은 금속 뚜껑이 열을 받아 팽창했기 때문이야.

케미: 하지만 유리병도 팽창하잖아요.

볼츠: 같은 열을 받아도 유리는 금속에 비해 적게 팽

창을 해. 그래서 금속 뚜껑이 더 많이 팽창하여 틈이 생기는 거야. 그 틈 덕에 뚜껑이 쉽게 열리는 거지.

케미: 또 다른 예는요?

볼츠: 고체와 액체 중에서 액체가 더 잘 팽창한다는 건 알지? 이걸 네가 잘 볼 수 있는지는 모르겠지만, 아주 더운 여름날, 자동차 기름 탱크에서 휘발유가 넘쳐 흘러나오는 경우가 있어. 이건 바로 액체 휘발유가 고체인 탱크보다 팽창이 크기 때문이야.

케미: 그건 나중에 제가 차를 사면 확인해 볼게요. 후훗.

 ## 서프라이즈 진실 혹은 거짓

1_ 영하가 없는 온도의 단위도 있다.

　　☐ 진실　　　　☐ 거짓

2_ 옛날 과학자들은 더운 곳에서 차가운 곳으로 이동하는, 눈에 보이지 않은 작은 알갱이의 흐름을 열이라고 생각했다.

　　☐ 진실　　　　☐ 거짓

3_ 갈릴레이는 최초로 온도계를 만들었다.

　　☐ 진실　　　　☐ 거짓

 **알쏭달쏭 내생각**

고운발 씨는 발이 예쁘게 생긴 발 전문 모델이다. 그는 아름다운 발을 항상 유지하기 위해 매일 단골 사우나에 갔다.

어느 날 그는 발에 훈훈한 증기를 공급하기 위해 증기 사우나실로 들어갔다. 그런데 사우나실 안으로 들어서는 순간, 그는 비명을 질렀다. 이유인즉 사우나실 입구에 누군가가 쟁반을 놓아두었는데 고운발 씨가 쟁반을 밟자 뜨거운 열이 고운발 씨의 발로 전달되어 발의 온도가 급상승, 발을 데고 만 것이다. 고운발 씨는 자신의 보물 1호인 발에 상처를 입혔다면서 사우나실 앞에 쟁반을 방치해 둔 목욕탕집 주인에게 손해 배상을 요청했다.

목욕탕집 주인은 손해 배상을 해야 할까? 여러분의 생각은?
☐ 배상해야 한다.   ☐ 배상할 필요 없다.

아하! 알았다 정답

문제1-1
물 1그램을 1도 올리는 데 1칼로리의 열이 필요하므로 물 2그램을 2도 올리는 데는 2×2=4(칼로리)의 열이 필요하다.

문제1-2
화씨온도=50×1.8+32=122이므로 화씨로 122도다.

진실 혹은 거짓

1_ 진실
온도의 단위에는 섭씨온도(C)와 화씨온도(F), 그리고 켈빈온도(K)가 있다. 섭씨온도에서 273을 뺀 값을 켈빈온도라고 하는데, 물질이 가질 수 있는 가장 낮은 온도는 섭씨로 영하 273도이므로 켈빈온도로는 0도가 된다. 그러므로 켈빈온도에서는 영하의 온도가 없다.

2 _ 진실

이 알갱이를 과학자들은 '열소'라고 불렀다. 열소를 믿는 과학자들은 물을 열소에, 물기둥의 높이를 물체의 온도에 비유했다. 두 개의 물기둥을 호스로 연결하고 두 물기둥의 물 높이를 다르게 하면 물은 물기둥이 높은 곳에서 낮은 곳으로 흐르듯이 비슷한 이유로 열소가 온도가 높은 물체에서 낮은 물체로 이동한다고 믿었다.

3 _ 진실

1603년에 갈릴레이는 가열된 공기가 든 유리관을 물그릇 속에 거꾸로 세워 둔 온도계를 발명했다. 유리관이 있는 방의 온도가 올라가면 관 속의 공기는 팽창하므로 물의 높이는 내려가고 반대로 방의 온도가 내려가면 관 속의 공기는 수축되어 물의 높이가 올라가는데, 갈릴레이는 관 속의 물의 높이를 통해 방의 온도를 측정할 수 있었다.

알쏭달쏭 내 생각

배상해야 한다.

증기 사우나실은 온도가 아주 높은 곳이다. 그러므로 발판은 비열이 큰 물질인 나무 같은 물질을 사용해야 한다. 비열이 크면 많은 열을 받아도 온도가 많이 오르지 않기 때문이다. 하지만 금속 쟁반은 비열이 작아서 조금만 열을 공급해도 온도가 많이 올라간다. 따라서 목욕탕집 주인은 사람들이 발을 델 위험이 있는 금속 쟁반을 미리미리 치워 두었어야 했다.

스테이지 2

라면 사건
열의 전달

열은 **전도**, **대류**, **복사** 세 가지 방법으로
뜨거운 물체에서 차가운 물체로 이동한다.

다음날 아침, 두 사람을 태운 비스는 조그만 헬리콥터 승강장에 도착했다.

"케미팬, 타!"

비스에서 내려 먼저 헬기에 오른 레이가 소리쳤다.

"누가 조종하지?"

조종석에 앉아 있는 레이를 보고 케미팬은 의아한 생각이 들어서 물었다.

"내가 할 거야."

레이의 말에 케미팬은 눈이 동그래져 물끄러미 레이를 쳐다보았다. 귀엽게만 보이는 레이가 과연 헬기를 조정할 수 있을까 의심스러웠다. 하지만 두 사람을 태운 헬리콥터는 힘차게 프로펠러를 돌리며 위로 떠올랐다.

"레이! 우리 어디로 가는 거지?"

출발한 지 한참이 지난 후, 케미팬이 물었다.

"테로우의 무인도로……."

케미팬은 헬기 밖 아래를 내려다보았다. 헬리콥터는 거대한 사막 위를 날고 있었다. 사막 위로는 두 사람이 탄 헬리콥터 외에 다른 세 그림자가 드리워져 있었다.

"조심해! 테로우 일당인 것 같아."

케미팬은 뒤를 확인하고 소리쳤다.

세 대의 전투기가 헬리콥터를 향해 기관총을 마구 쏘아 댔다. 레이는 요리조리 총알을 피해 보았지만 그만 연료통에 총을 맞고 말았다.

연료통에 불이 나면서 헬리콥터는 추락하기 시작했다. 하지만 다행스럽게도 헬기는 모래사막으로 떨어져, 두 사

람은 크게 다치지 않았다.

테로우의 비행기는 두 사람이 죽은 줄 알고 되돌아갔다. 이제 거대한 사막에 두 사람만 덩그러니 남게 되었다.

"음……, 이제 어떻게 해야 하나……."

케미팬은 망망한 사막 앞에서 한숨이 저절로 나왔다.

"사람들을 만날 때까지 걸어서 이 사막을 빠져나가는 수밖에."

케미팬과 레이는 걷기 전에 태양의 위치를 보고 방향을 먼저 잡기로 했다. 두 사람이 서 있는 곳은 멀리 보아도 끝없이 모래만 있는 거대한 사막이었다.

"우선 헬기에서 필요한 것들을 꺼내야겠어."

레이가 헬기로 들어가 물건들을 주섬주섬 챙겼다. 물과 비상용 라면, 휴대용 가스레인지 및 기타 필요한 짐들을 꺼냈다.

두 사람은 먼저 시장기를 달래기 위해 라면을 끓여 먹기로 했다. 요리는 라면 끓이기에 일가견이 있다는 케미팬이 맡았다. 케미팬은 먼저 냄비에 적당한 양의 물을 붓고 가스레인지에 올려놓았다. 잠시 후 물이 부글부글 끓자 수증기의 압력으로 뚜껑이 위아래로 춤을 추기 시작했다.

"케미팬, 어서 라면을 넣어야지."

물 끓기를 기다리고 있던 레이가 케미팬을 재촉했다. 케미팬은 들고 있던 라면의 가운데를 뚝 분질러 냄비에 넣었다. 그런데 냄비가 작아서인지 물이 아슬아슬 넘칠 것만 같았다.

"이러다간 국물 없는 라면 먹겠다."

레이가 안타깝게 라면 끓는 것을 지켜보았다.

"그럼 어떡하지?"

라면을 잘 끓인다고 자랑하던 케미팬이 도리어 레이에게 물었다.

"바보, 넌 라면 도사에 화학 도사라더니 그것도 몰라? 우린 항상 응급상황에 대처할 줄 알아야 하는 특수 첩보원이라고."

"쳇! 라면 물 넘치는 거랑 특수 첩보원인 거랑 무슨 상관 있담?"

케미팬은 입을 삐쭉 내밀었다.

"이건 가스레인지의 열이 물에 100%로 전달되기 때문

에 일어나는 현상이야. 열을 얻은 물이 기체인 수증기로 변해 위로 올라가면서 물도 함께 따라 올라가니까 물이 넘치게 되는 거라고."

"그건 나도 알아. 그러니까 어떻게 안 넘치게 하냐고!"

자존심이 상한 케미팬이 따지듯 말했다. 레이는 주머니에서 동전을 한 움큼 꺼내 치맛단으로 싹싹 닦은 후 냄비에 넣었다. 그러자 라면 물이 아래로 내려가면서 더 이상 넘치지 않았다.

"무슨 원리지?"

"우회작전이야. 가스레인지의 열이 동전의 온도를 올리는 데 사용되게 하는 거지. 그럼 물이 더 이상 끓지 않게 되니까 덜 넘치는 거야."

레이가 두 손을 탁탁 털어 보이며 어깨를 으쓱거렸다.

잠시 후 라면이 다 익은 것을 확인한 레이는 가스레인지 불을 껐다.

"맛있는 라면 개봉박두요!"

레이가 젓가락을 들고 소리쳤다. 케미팬이 냄비 뚜껑을 열자 김이 한꺼번에 올라와서 케미팬의 안경을 뿌옇게 만들었다. 케미팬은 시야가 흐려져 헛젓가락질만 해댔다. 레이는 그런 케미팬의 모습에 고소해하며 혼자 후루룩 냠냠 라면을 먹었다.

"왜 장님이 된 거지?"

케미팬은 안경을 벗어 유심히 보았다.

"김 때문이야. 후루룩 짭짭!"

레이는 라면을 맛있게 먹으며 대답했다.

"아하! 이제 기억나. 물이 끓으면서 온도가 100도에 도달해 표면의 물 분자가 기체인 수증기로 변하면서 안개처럼 내 안경을 가렸기 때문이군."

케미팬은 내심 자존심을 회복할 기회라고 생각하며 잘난 척을 하며 말했다.

"푸하하! 김은 기체가 아니라 액체야, 바보. 그런 기초적인 것도 몰라?"

"무슨 소리야. 김이 액체라니? 그럼 안개도 액체란 말이야?"

"당연한 소리! 케미팬 군, 화학공부 좀더 해야겠어!"

자존심 회복은커녕 레이가 비아냥거리자 화가 난 케미팬은 목에 핏대까지 세워가며 큰 소리로 말했다.

"김은 모락모락 위로 올라가는 기체가 맞아! 안개도 구름도 모두 기체란 말이야. 기체에는 눈에 보이지 않는 공기도 있지만 눈에 보이는 기체도 있어. 김은 일곱 색깔 빛을 모두 반사시키기 때문에 하얗게 보이는 거야."

"정말 화학 바보가 따로 없군! 물이 100도가 되면 기체인 수증기로 변해. 하지만 그러기 위해서는 외부로부터 열을 얻어야 해. 물 1그램이 기체인 수증기 1그램으로 변하려면 약 540칼로리의 열이 필요해. 만일 이 열을 얻지 못

하면 물은 100도가 되어도 기체로 변하는 것이 아니라 온도가 100도인 물 상태로 남아 있는 거야. 하지만 온도가 높으면 물의 부피가 커져서 물의 밀도가 작아지니까 위로 올라가서 둥둥 떠 있게 되는데 그게 바로 김이야. 이것이 물이라는 증거는 케미팬 네 안경에 맺힌 물방울을 보면 알 수 있어. 그리고 결정적으로 한 가지 더! 물은 눈에 보이지만 기체인 수증기는 눈에 보이지 않아."

 케미팬은 들고 있던 안경을 보았다. 레이의 말대로 안경에는 물방울이 맺혀 있었다. 결국 케미팬은 꼬리를 내리고, 김이 액체냐 기체냐 하는 싸움은 레이의 승리로 끝이 났다.

LOOK!

당신은 스테이지 2를 통과했습니다.
케미팬은 레이에게 화학 과외를
받아야 합니다.

볼츠만과 채팅하기

볼츠 님{볼츠만}이 입장하셨습니다.
케미 님{케미팬}이 입장하셨습니다.

열의 전도

케미: 열은 어떻게 이동하나요?

볼츠: 세 가지 방법으로…….

케미: 어떤 세 가지죠?

볼츠: 전도, 대류, 복사라는 세 가지 방법.

케미: 너무 어려워요.

볼츠: 먼저 전도에 대해 가르쳐 줄게. 라면에 쇠젓가락을 넣고 물을 끓인 다음 쇠젓가락을 만지면 어떻게 되지?

케미: 앗, 뜨거!

볼츠: 바로 그게 '전도'야. 뜨거운 걸 만지면 뜨거운 물체에서 네 손으로 열이 이동하여 네 손의 온도를 올라가게 만드는 거…….

케미: 간단하군요!!

문제2-1
보온병 속의 뜨거운 물이 식지 않는 이유는?

열의 대류

볼츠: 자! 이번에 두 번째 열의 이동 방법…… 그 이름은 대류. 조금 어려운 단어지?

케미: 들어본 적은 있어요.

볼츠: 좋아. 대류는 물이나 공기처럼 흘러 흘러 다니

는 물질을 통해 열이 이동하는 방법이야.

케미: 예를 좀…….

볼츠: 제일 쉬운 예는 라면을 끓일 때야.

케미: 또 라면?

볼츠: 그게 가장 흔한 예니까. 라면을 끓이려고 물을 냄비에 받아 가스레인지에 올려놓고 조금 기다리면 물이 전체적으로 뜨거워지지?

케미: 당근이죠!

볼츠: 그건 대류 때문이야.

케미: 그러니까 대류가 뭐냐고요?

볼츠: 성급하긴. 냄비 바닥이 제일 먼저 가스레인지의 불꽃으로부터 열을 받아 뜨거워질 거야. 그럼 냄비 아래쪽의 물이 뜨거워지지. 그런데 시간이 지나면 위쪽도 뜨거워지거든. 이것은 바닥에서 뜨거워진 물이 위로 올라가서 위에 있던 차가운 물에 열을 주기 때문이야. 그러니까 열 받은 차

가운 물은 온도가 올라가는 거지. 이렇게 아래쪽의 뜨거운 물이 위로 올라가 위쪽에 열을 전달하면서 물 전체가 뜨거워지게 만드는 걸 '대류'라고 해.

케미: 공기 대류의 예는 없어요?

볼츠: 그건 제일 간단하게 스팀이야, 스팀. 스팀을 손으로 만지면 뜨겁지?

케미: 잘못하면 손을 데지요.

볼츠: 바로 그 스팀이 공기를 대류시키는 거야. 그러니까 뜨거운 스팀과 부딪친 공기는 뜨거워져서 위로 올라가고 그것이 위쪽의 차가운 공기에 열을 주지. 그럼 위쪽의 차가운 공기도 온도가 올라가잖아? 이렇게 뜨거운 공기가 위로 올라가 위쪽 차가운 공기에 열을 전달하는 것을 '공기의 대류'라고 해.

케미: 그러니까 대류는 뜨거워서 위로 올라가 모두를

뜨겁게 만드는 거…… 이렇게 정리하면 되겠구나.

열의 복사

볼츠: 자! 이제 마지막 복사에 대해 알아보자.

케미: 복사? 복사기?

볼츠: 그거 말고……. 복사는 조금 어려워. 여름 한낮은 매우 뜨겁지?

케미: 네.

볼츠: 그건 태양의 열이 복사에 의해 우리에게 와서 그래.

케미: 복사가 뭔데요?

볼츠: 빛을 통해서 열이 전달되는 거야. 태양은 우리 지구에 빛을 보내고 있지? 그런데 우리가 그 빛을 흡수하면 빛이란 녀석이 에너지를 가지고 있는데 그 에너지를 우리에게 주거든. 그 에너지

는 우리 피부에서 열에너지가 되어 피부의 온도를 올려주지. 그래서 피부가 더워지는 거, 그런 게 바로 '복사'야.

케미: 그럼 빛을 많이 받을수록 더 더워지겠군요.

볼츠: 그래서 겨울보다는 빛을 많이 받는 여름이 더운 거야.

문제2-2
겨울에 검은 옷을 많이 입는 이유는?

 ## 서프라이즈 진실 혹은 거짓

1_ 차가운 물이 담긴 컵에 뜨거운 물을 천천히 부으면 대류가 잘 일어난다.

☐ 진실   ☐ 거짓

2_ 여름철 사방이 거울로 되어 있는 용기 안에 차가운 물을 넣고 밖에 놓아두면 시원한 물을 마실 수 있다.

☐ 진실   ☐ 거짓

3_ 마른행주로 뜨거운 냄비를 잡을 때가 젖은 행주로 냄비를 잡을 때보다 더 뜨겁다.

☐ 진실   ☐ 거짓

알쏭달쏭 내 생각

나면발 씨는 라면이라면 사족을 못 쓰는 사람이다. 그래서 그는 새로운 라면 가게만 생기면 제일 먼저 달려가 라면을 사먹는데, 어느 날 나면발 씨가 사는 마을에 스뎅틱 라면하우스라는 새로운 라면 가게가 개점했다.

금속으로 인테리어를 한 가게는 누가 보아도 현대적인 레스토랑처럼 보였다. 또한 그곳은 금속 냄비에 쇠젓가락을 꽂아 라면을 끓인 후 손님들에게 배달했는데, 김이 모락모락 피어오르는 라면을 먹으려고 허겁지겁 달려들던 나면발 씨는 젓가락을 잡은 순간 손에 화상을 입었다.

나면발 씨는 자신의 부상이 라면에 꽂아둔 젓가락 때문이라며 스뎅틱 라면하우스 사장에게 따졌는데 여러분의 생각은?
　　□ 사장의 잘못이 크다.　　□ 사장은 잘못이 없다.

아하! 알았다 정답

문제 2-1
보온병은 이중벽으로 되어 있고 두 벽 사이는 진공 상태다. 따라서 열을 전달할 물질이 없으므로 보온병 안의 열이 밖으로 빠져 나갈 수 없어 보온병 안의 온도가 일정하게 유지된다.

문제 2-2
검은 옷은 모든 색의 빛을 잘 흡수하는 성질이 있다. 그러므로 검은 옷을 입으면 태양 빛이 잘 흡수되어 복사가 잘 일어나고 열이 잘 공급되어 몸의 온도가 올라간다.

진실 혹은 거짓

1_ 거짓
대류는 아래쪽에 있는 액체나 기체가 위쪽에 있는 것들보다 온도가 높을 때 일어난다. 그러므로 문제처럼 위쪽의 물이 아래쪽보다 온도가 높은 경우에는 대류가 일어나지 않는다.

2_ 진실

거울은 태양 빛을 모두 반사시킨다. 그러므로 사방이 거울인 용기 안으로 열의 복사가 일어나지 않아 용기 안의 물은 온도가 올라가지 않는다. 그러므로 시원한 물을 마실 수 있다.

3 _ 거짓
공기는 물에 비해 열을 잘 전달하지 않는 물질이다. 젖은 행주로 냄비를 만지면 냄비와 행주 사이의 물이 열을 잘 전달해 뜨거워지지만 마른행주와 냄비 사이에는 공기층이 생겨 열을 잘 전달하지 않으므로 덜 뜨겁다.

알쏭달쏭 내 생각

사장의 잘못이 크다.
한국은 세계에서 유일하게 쇠로 된 젓가락을 사용한다. 일본이나 중국 또는 다른 국가에서는 나무로 된 젓가락만을 사용한다. 쇠젓가락은 여러 번 사용할 수 있다는 장점은 있지만 뜨거운 음식을 먹을 때는 열의 전도가 빨라서 손이 뜨거워지는 단점이 있다. 특히 문제의 경우처럼 냄비 안에 넣고 가열한 쇠젓가락은 아주 높은 온도까지 올라가므로 사람이 손으로 만지면 화상을 입을 수도 있다.

스테이지 3

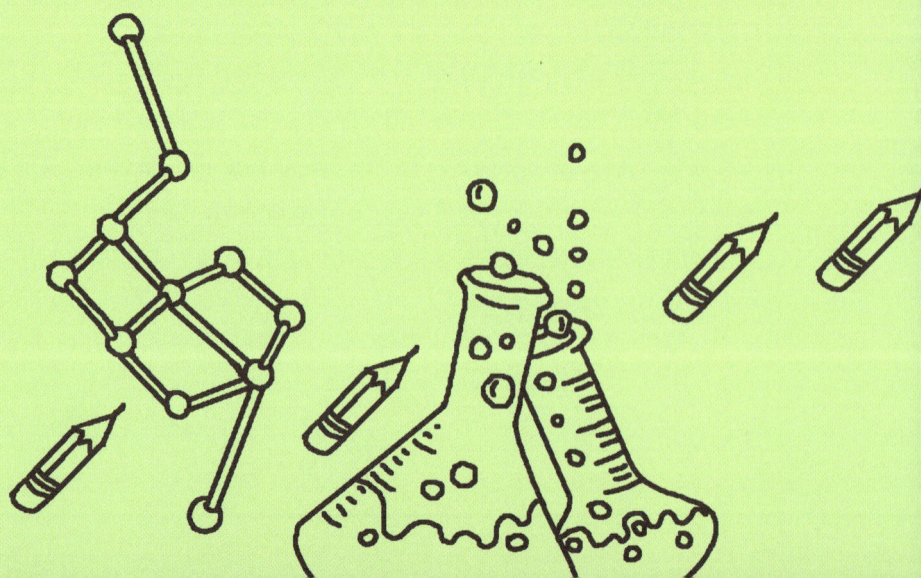

오줌 식수
물질의 변화

물질은 고체, 액체, 기체의 세 가지 상태가 있다.
물질의 상태 변화에 대해 알아보자.

사막에서 밤을 보낸 케미팬과 레이는 이른 아침부터 일어나 사막을 걷기 시작했다. 얼마나 걸었을까, 이제 헬기에서 가져온 물과 식량도 바닥이 났다. 지칠 대로 지친 두 사람은 무거워진 두 발만 타박타박 내디딜 뿐이었다.

"목이 너무 말라……. 물…… 물……."

레이는 심한 갈증으로 힘들어했다.

"조금만 더 견뎌."

케미팬은 레이를 부축하며 자신들이 서 있는 곳을 둘러보았다. 여전히 주변으로는 사막만이 펼쳐져 있었다.

"오아시스야, 오아시스! 저기 물이 보여!"

거의 죽어가던 레이가 손을 쭉 뻗으며 소리쳤다.

사막 저 멀리에 호수처럼 보이는 파란 물이 보였다. 레이가 그곳으로 뛰어가려고 하자 케미팬이 레이를 말렸다.

"저건 오아시스가 아니라 신기루 현상이야."

"신기루 현상?"

"뜨거운 사막에서는 빛이 굴절되어 하늘의 파란 부분이 땅바닥에 있는 걸로 보이는데, 그게 바로 신기루야."

레이는 케미팬의 말을 듣고 매우 실망하여 고개를 툭 떨어뜨렸다.

둘은 지친 몸을 이끌고 다시 걸었다. 어느새 시간은 흘러 오후가 되었다.

"일단 여기서 쉬었다 가자."

"물을 먹고 싶어."

레이는 계속 물을 찾았다. 케미팬은 그런 레이를 보고 오늘은 여기까지만 걷기로 했다.

"일단 오늘은 여기서 자기로 하자. 내일 아침에 일어나면 물을 꼭 마시게 해줄게."

케미팬은 더위와 갈증에 지친 레이를 달래 재웠다.

레이가 잠든 후 케미팬은 모래를 파서 작은 구덩이를 만든 후 가지고 있던 비닐을 반을 잘라 깔았다. 그리고 그곳에 오줌을 누고는 가운데에 빈 컵을 놓고 다시 비닐로 그 위를 덮었다.

다음 날 아침, 케미팬은 물을 찾는 레이에게 물이 담긴 컵을 건네주었다.

"어, 정말 물이잖아!"

레이는 반가워하며 물을 벌컥벌컥 정신없이 마셨다. 케

미팬은 그 모습을 보고 빙긋이 미소를 지었다.

 물을 다 마신 후 레이가 케미팬에게 물었다.

"이 물은 어디서 구한 거야?"

"그게…… 저……."

케미팬은 대답을 얼버무렸다.

"난 궁금한 건 못 참아. 빨리 말해."

레이는 그제야 의심이 생겨 정색을 하며 케미팬에게 물었다.

"사실 그 물은…… 내 오줌으로 만든 거야."

"웩!"

케미팬의 말을 듣는 순간 레이는 헛구역질을 했다.

"하지만 그 물은 이 세상에서 가장 깨끗해."

"오줌이 어떻게 깨끗하다는 거야!"

레이는 두 눈에 쌍심지를 켜고 케미팬에게 달려들었다.

"진정하고 내 말 좀 들어 봐. 뜨거운 날씨 때문에 오줌 속의 물은 수증기로 증발해. 그런데 내가 비닐로 덮어놓았기 때문에 수증기는 빠져나가지 못했고, 밤이 되어 기온이 내려가자 응축되어 비닐에 물방울들로 맺혔어. 네가 마

신 물은 그 물방울이 컵에 떨어진 것이니까 가장 순수한 물이야."

케미팬의 설명에 레이는 화가 조금 수그러들긴 했지만 찜찜한 마음은 가실 수 없었다.

"서둘러 떠나자."

케미팬이 발걸음을 재촉했다. 두 사람은 다시 사막을 걸었다. 하지만 운 좋게도 곧 그곳을 지나가는 소형 트럭 한

대를 발견할 수 있었다.

"도와주세요! 헬프 미~!"

두 사람은 있는 힘껏 소리쳤다. 그 소리를 듣고 트럭 기사가 차를 세워 두 사람을 짐칸에 태워 주었다.

레이는 트럭에 타자마자 식은땀을 흘렸다.

"너무 힘들어."

케미팬은 레이의 이마를 만져 보았다. 케미팬의 손에 레이의 열기가 느껴졌다. 케미팬은 짐칸을 둘러보았다. 트럭에는 얼음이 든 아이스박스가 잔뜩 실려 있었다.

'그래. 차가운 얼음과 뜨거운 레이를 접촉시키면 레이의 열이 얼음으로 전달되니까 레이의 온도가 내려갈 거야.'

케미팬은 이렇게 생각하고 커다란 얼음 덩어리를 꺼내 누워 있는 레이의 이마에 올려놓았다.

잠시 후, 한숨 자고 일어난 레이의 얼굴에 다시 생기가 돌았다.

"어디까지 온 거야?"

레이는 아무렇지도 않았다는 듯 가뿐하게 자리에서 일어났다. 트럭은 사막을 빠져나와 조그만 마을로 접어들고 있었다.

"저길 봐!"

레이가 테로우 일당으로 보이는 두 사람을 발견했다. 그들은 오토바이를 타고 트럭을 따라오고 있었다.

피융~!

테로우 일당은 트럭을 향해 총을 쏘았다. 케미팬과 레이는 조수석으로 몸을 피했다. 트럭 안에는 얼음주머니처럼 보이는 것들이 수북이 싸여 있었다.

"케미팬, 저게 뭐지?"

"드라이아이스야."

케미팬은 물건을 들춰서 내용물을 확인했다.

"아! 좋은 생각이 났어."

"나도!"

두 사람은 곧바로 공격 태세에 돌입했다. 레이는 드라이아이스 봉지를 케미팬에게 건넸고 케미팬은 달려오는 오토바이를 향해 드라이아이스 봉지를 마구 던졌다. 그러자 도로에는 멋진 안개가 만들어졌다.

"그런데 어떻게 해서 안개가 만들어진 걸까?"

케미팬은 창밖을 내다보다가 문득 고개를 돌려 물었다.
"드라이아이스는 이산화탄소의 고체 상태야. 이산화탄소는 고체에서 액체를 거치지 않고 바로 기체로 바뀌는 성질이 있거든. 그런데 이렇게 하려면 드라이아이스가 주위로부터 열을 빼앗아야 해. 드라이아이스는 그 열을 공기 중의 수증기로부터 빼앗은 거고, 열을 빼앗긴 수증기는

액체 상태의 물방울이 되어 김이 서리게 된 거야."

레이는 거침없이 또박또박 설명했다.

"정말 완벽해!"

케미팬은 레이의 똑 부러지는 말이 무척 마음에 들었다. 그리고 레이가 진짜 특수 첩보원처럼 보였다.

오토바이를 탄 적들은 김 때문에 앞이 안 보여 넘어졌고 바닥의 차가운 드라이아이스 때문에 손에 동상을 입어 더 이상 케미팬이 탄 트럭을 따라오지 못했다.

LOOK!

당신은 스테이지 3을 통과했습니다.
다음 아이템을 받을 수 있습니다.
☐ 고무보트

볼츠만과 채팅하기

볼츠 님{볼츠만}이 입장하셨습니다.
케미 님{케미팬}이 입장하셨습니다.

물질의 상태

케미: 물질에는 세 가지 상태가 있다는데 그게 뭐죠?

볼츠: 교실을 생각해 봐. 무진장 무서운 선생님이 눈을 부라리며 들어오면 아이들은 꼼짝도 못하고 앉아 있지? 이렇게 물질을 구성하는 분자들이 거의 제자리를 지키고 있으면서 꼼지락대기만 하는 거, 이런 상태를 고체라고 해. 보통 고체는 딱딱하지.

케미: 액체는 뭐죠?

볼츠: 이번엔 오락시간을 생각해 봐. 교실 밖으로는

못 나가지만 옆 친구 자리에 놀러가기도 하면서 가까운 거리로 움직이지? 이렇게 분자들이 조금 자유로워지는 상태가 바로 액체 상태야.

케미: 그럼 기체 상태는요?

볼츠: 그건 당근 수업 마친 후가 되지. 집에 가는 아이들, 학원 가는 아이들, 음악회 가는 아이들, 이런 식으로 여기저기로 뿔뿔이 흩어지잖아? 이렇게 분자들이 여기저기로 마구 휘젓고 돌아다니는 상태가 바로 기체 상태야.

케미: 모든 게 교실 모드군!

볼츠: 온도가 높으면 분자들이 빠르게 많이 움직인다고 했지?

케미: 네.

볼츠: 그러니까 고체에서 액체 기체로 갈수록 온도가 높아지는 거야.

증발

케미: 증발이 뭐죠?

볼츠: 물을 밖에 놔두면 점점 줄어드는 거.

케미: 왜 줄어들죠?

볼츠: 상태 변화 때문이야. 증발은 물 표면의 물 분자들이 열을 얻어 기체인 수증기로 변하는 거지.

케미: 그럼 물이 끓는 거랑 똑같잖아요.

볼츠: 끓는다는 건 물속에서 물이 기체인 수증기로 변해 기포가 보글보글 생겨 물 표면으로 올라갔다가 뽕 하고 공기 중으로 빠져나가는 거고. 물론 액체가 열을 얻어 기체로 되는 건 같지.

케미: 열은 누가 줘요?

볼츠: 주긴 누가 줘, 빼앗아야지.

케미: 어디서요?

볼츠: 뜨거운 날 물 컵을 놔두면 물 표면의 물 분자들이 공기 중으로부터 열을 빼앗아 수증기로 증발해 버리니까 이때는 공기 중으로부터 열을 빼앗는 거고, 또 목욕하고 밖으로 나오면 춥지?

케미: 당근!

볼츠: 그건 피부에 붙어 있던 물방울들이 증발하려고 네 피부로부터 열을 빼앗아 가니까, 열을 빼앗긴 네 피부가 추위를 느끼는 거야.

응축

볼츠: 증발의 반대가 뭐게?

케미: …….(묵묵부답)

볼츠 응축이야. '응축'이란 증발과 반대로 기체가 액체로 바뀌는 상태 변화야.

케미: 이때도 주위로부터 열을 빼앗나요?

볼츠: 아니, 이땐 반대로 주위에 열을 방출하지.

케미: 응축의 예가 뭐죠?

볼츠: 목욕탕에 가면 따뜻해지지?

케미: 네.

볼츠: 그게 바로 응축이야. 목욕탕에는 수증기가 가득 차 있는데, 이 수증기들이 네 몸하고 부딪치면서 네 몸에 열을 주고 자신은 물방울이 되어 몸에 맺히는 거야. 그래서 몸이 더워지는 거지.

케미: 또 다른 예는요?

볼츠: 그건, 이슬. 수증기가 새벽에 차가운 풀잎하고 부딪치면서 열을 빼앗겨 물방울이 되어 맺히는 거지.

문제3-1
무더운 여름철에 건조한 지역이 습한 지역보다 시원한 이유는?

녹임과 얼림

볼츠: 이번에는 고체와 액체 사이의 상태 변화에 대해 가르쳐 줄게. 물이 차가워지면 뭐가 되지?

케미: 얼음요.

볼츠: 그래, 그게 바로 얼림 과정이야. 얼림 과정에서도 열이 발생해. 그럼 얼림의 반대는 뭘까?

케미: 얼음이 녹아 물이 되는 거죠.

볼츠: 맞아, 그게 녹임이야. 얼음이 저절로 녹니?

케미: 더워져야죠.

볼츠: 그러니까 얼음이 녹기 위해서는 주위로부터 열을 빼앗아 와야 할 거야.

케미: 증발과 응축 사이의 관계와 비슷하군요.

볼츠: 물론!

문제 3-2
온도계에 물을 사용하지 않고 수은을 사용하는 이유는?

승화

볼츠: 이번에는 한 단계를 건너뛰는 상태 변화를 알아볼까?

케미: 그게 무슨 말이죠?

볼츠: 물질은 열을 얻어 고체에서 액체를 거쳐 기체로 변해. 그런데 어떤 성질 급한 물질들은 고체에서 액체를 안 거치고 바로 기체로 바뀌는 녀석들도 있어. 이런 상태 변화를 '승화' 라고 불러.

케미: 어떤 게 그렇죠?

볼츠: 대표적인 게 드라이아이스야. 드라이아이스는 고체 상태의 이산화탄소인데 열을 받으면 액체 상태 없이 바로 기체 이산화탄소로 변해.

케미: 기체에서 곧바로 고체로 변하는 것도 승화인가요?

볼츠: 물론. 그 대표적인 예가 바로 서리야.

케미: 서리라면 겨울철 얼음처럼 유리창에 달라붙어

있는 거 말이죠?

볼츠: 맞아. 겨울에 수증기가 유리창 주위를 얼씬거리다가 유리창하고 자꾸 충돌해서 열을 아주 많이 빼앗겨 바로 고체인 얼음이 되어 달라붙는 게 서리거든. 그러니까 바로 승화 과정이지.

케미: 그렇군요.

 ## 서프라이즈 진실 혹은 거짓

1_ 알코올을 손에 묻히면 시원하다.

☐ 진실   ☐ 거짓

2_ 물이 증발할 때 수증기 분자는 여객기보다 더 빠르게 튀어나온다.

☐ 진실   ☐ 거짓

3_ 자동차 앞 유리에 눈이 붙어 있을 때 더운물을 부으면 운전 중에 위험해진다.

☐ 진실   ☐ 거짓

 알쏭달쏭 내생각

　이시원 군은 여름만 되면 갈증이 심해 시원한 음료를 찾는다. 어느 날 마을 외곽에 할아버지 혼자서 운영하시는 조그만 가게에 가서 콜라 한 병을 달라고 했다.
　"엥? 이게 콜라야, 핫초코야!"
　이시원 군이 받아든 콜라는 너무 데워져 있었다.
　"할아버지, 이 콜라는 못 먹겠어요."
　"학생이 찬 콜라 달라고 하지는 않았잖아. 그리고 우리 가게에는 냉장고가 없어. 겨울에만 찬 콜라가 있다고."
　"헉, 여름에 냉장고 없이 콜라를 팔다니……."
　이시원 군은 투덜거렸다.
　"그러기에 먼저 물어봤어야지."
　할아버지는 태연하게 말했다.
　"수건을 이용하면 되는데……."
　김빠진 콜라를 억지로 마신 이시원 군은 말끝을 흐렸다.

수건을 이용하면 된다는 이시원 군의 얘기는 무슨 말일까?

아하! 알았다 정답

문제 3-1
건조한 지역에서는 증발이 잘 일어나고 습한 지역에서는 응축이 잘 일어나기 때문이다.

문제 3-2
물은 섭씨 0도에서 얼기 때문에 0도보다 낮은 온도를 잴 수 없다.

진실 혹은 거짓

1 _ 진실
알코올이 증발하면서 피부로부터 열을 빼앗기 때문이다.

2 _ 진실
물 분자들의 운동 속력은 시속 700킬로미터 정도이고 물이 증발할 때 튀어나오는 수증기 분자의 운동 속력은 시속 2100킬로미터 정도로 여객기 속력(시속 1000킬로미터)보다 훨씬 크다.

3 _ 진실
더운물은 눈을 바로 녹여 물방울로 만든다. 하지만 주위 온도가 너무 낮아 물방울이 수증기로 될 만큼의 열을 빼앗을 수 없으므로 물방울들이 유리창에 김이 되어 서려서 운전할 때 매우 위험해진다.

알쏭달쏭 내 생각

수건에 차가운 물을 묻혀 콜라병을 감싸면 된다. 그렇게 되면 차가운 물이 콜라의 열을 빼앗아 기체인 수증기로 변하기 때문에 콜라의 온도가 차게 유지된다. 수건에 물기가 마르거나 덥혀지면 계속 차가운 물을 적셔 주기만 하면 된다.

테리움 X를 빼앗아라
기체의 팽창

기체는 온도가 올라가면 부피가 커진다.

케미팬과 레이는 첩보국의 보트가 있는 선착장으로 향했다. 첩보국에서는 혹시 모를 상황에 대비해 제2의 교통편을 마련해 두었었다.

트럭 기사의 도움으로 안전하게 선착장에 도착한 두 사람은 곧바로 보트에 올랐다. 보트는 속도를 높여 금방 테로우 일당이 있는 무인도에 이르렀다. 무인도는 꽤 큰 편이었는데, 바닷가 한쪽 끝에 고철더미가 쌓여 있는 넓은 공터와 큰 공장 건물이 보였다. 아마 그곳이 테로우 일당의 본부로 알려진 전자레인지 공장인 것 같았다.

어디선가 노랫소리가 들려왔다.

"이게 무슨 소리지?"

레이가 조용히 속삭이듯 물었다.

두 사람은 소리가 나는 창문 쪽으로 살금살금 다가갔다. 테로우와 부하들이 공장 안에 있는 식당에서 삼겹살 파티를 즐기고 있었다. 식당은 대낮부터 술 취한 사람들과 노래방 마이크를 잡고 악을 쓰는 사람들로 아수라장이었다.

"정말 못 들어주겠군."

레이는 두 손으로 귀를 틀어막았다. 음정 박자는 무시하고 단지 소리만 지르는 노래였다.

"그래, 지금이 찬스야. 모두 식당에 있으니까 테로우가 만들고 있는 무시무시한 화학물질 테리움 X를 빼돌릴 수 있을 거야."

케미팬은 서둘러 공장 안으로 들어갔다. 예상대로 모두들 식당에서 노느라 복도는 엄숙하리만큼 조용했다. 케미팬과 레이는 민첩하게 테리움 X가 있는 보관실로 잠입했다. 테리움 X는 윤이 나는 금속으로 만들어진 공 모양의 최신형 화학 폭탄이었다.

두 사람은 테리움 X를 들고 방을 빠져나왔다.

"케미팬, 우리가 공장을 채 빠져나가기 전에 테로우가 알아차리면 어쩌지?"

레이가 걱정스럽게 말했다.

"그건 내게 맡겨. 이 섬에 오기 전부터 미리 생각해 두었던 게 있으니까."

케미팬은 레이를 이끌고 곧장 품질관리실로 향했다. 그곳에는 조립이 완성된 전자레인지들이 줄지어 놓여 있었다.

케미팬은 첩보국에 요청하여 보트에서 가져온 계란 한

판을 배낭에서 꺼냈다. 그리고 30개의 전자레인지마다 계란을 넣고 조리시간을 3분으로 맞추었다.

"빨리 건물을 빠져나가자. 곧 계란 폭탄이 터질 거야."

케미팬이 레이의 팔목을 잡아끌었다.

"계란 폭탄?"

레이는 상황을 이해하지 못하여 우두커니 서서 되물었다.

"이건 첩보원 교육 때 배운 건데, 전자레인지는 마이크로파를 통해 계란 속의 수분에 큰 에너지를 공급해. 이렇게 에너지를 얻은 물방울은 기체인 수증기가 되거든. 계란껍질이 없다면 수증기는 밖으로 빠져나가니까 아무 문제가 없겠지만, 계란껍질은 워낙 단단해서 계란 속에 생긴 수증기 분자들이 밖으로 빠져나가지 못하고 갇혀 있게 돼."

"근데 왜 폭발하는 거지?"

"아이 참 답답하네! 계란껍질 속에 갇힌 수증기 분자들이 빠져나가지 못하고 계란껍질 속에 점점 더 많이 생겨나니까, 그 부분의 부피는 작은데 분자 개수는 많아져서 수증기에 의한 압력이 아주 커지게 돼. 압력은 결국 큰 힘을 작용해 껍질을 부숴 버리는데, 이때 껍질이 아주 빠른 속도로 깨

지면서 속의 내용물도 밖으로 분출된다 말이야."

"마치 화산 폭발같이?"

"그래, 그런 셈이야. 생밤을 그대로 불속에 넣으면 증기압 때문에 밤이 폭발해 사람들에게 화상을 입히는 것과 같아."

케미팬은 말을 마친 후 레이와 함께 품질관리실을 빠져나왔다. 잠시 후 30개의 전자레인지에서 요란한 폭발소리가 들렸다. 계란 폭탄이 터진 것이다.

　신나게 식당에서 놀던 테로우 일당은 폭발음을 듣고 모두 품질관리실로 달려가 우왕좌왕했다. 그 사이 케미팬과 레이는 무사히 공장을 빠져나왔다. 테로우와 부하들은 뒤늦게 테리움 X가 사라진 것을 확인하고 케미팬과 레이를 추격하기 시작했다.

　한참을 도망치던 케미팬과 레이 앞에 큰 강이 나타났다. 강물에서는 뜨거운 증기가 모락모락 올라오고 있었다.

　"케미팬, 이 강을 건너야 완전히 도망칠 수 있어."

　레이는 불안한 표정으로 강물을 바라보았다.

　"강물이 꽤나 뜨거운 것 같은데……."

　케미팬은 조용히 강물을 관찰했다. 물은 보통 강물이 아닌 것 같았다.

　"이 섬은 화산섬이야. 그래서 뜨거운 물이 흐르고 있어."

　강 앞에서 두 사람이 머뭇거리고 있는 사이, 멀리서 사람들이 몰려오는 소리가 들렸다.

　"테로우의 부하들일 거야. 빨리 강을 건너야겠어."

　케미팬은 서둘렀다.

"하지만 이 뜨거운 강을 배도 없이 어떻게 건너가?"

"뭔가 주위에서 찾아봐야겠지."

케미팬은 쓸 만한 재료를 찾기 위해서 강 주위를 돌아다녔다. 그러던 중 케미팬의 눈에 조그만 고무보트가 보였다.

"찾았어!"

케미팬이 찾아낸 고무보트는 공기가 빠져 쭈글쭈글했다.

"이건 공기가 거의 빠져 있잖아. 두 사람이 올라탔다가는 가라앉을 거야."

잔뜩 기대했던 레이는 실망감을 감추지 못했다.

"공기를 넣어서 팽팽하게 하면 되지."

케미팬은 자신 있는 표정으로 말했다.

"고무보트는 사람이 불어서 팽팽하게 할 수 없어. 공기 펌프가 있어야 하는데……."

레이는 혹시라도 공기 펌프가 있을까 하여 주변을 살폈다. 하지만 공기 펌프는 보이지 않았다.

"아냐, 아냐. 공기 펌프가 있다 하더라도 공기를 넣을 시간이 없어!"

레이는 다시 실망한 눈으로 공기가 빠진 고무보트를 바

라보았다. 하지만 케미팬은 태연했다.

"적들이 가까이 오고 있어."

테로우의 일당이 쏘는 총성이 들리기 시작했다. 총성은 점점 더 가까워지고 있었다.

"이제 우린 독 안에 든 쥐야. 방법이 없어. 그만 항복하는 게 좋겠어."

레이는 최후라 생각하고 파르르 떨었다.

"나의 사전엔 항복이라는 단어는 없어."

케미팬은 이렇게 말하고 고무보트를 들고 강가로 걸어갔다.

"나를 따라와."

케미팬은 쭈글쭈글한 고무보트를 뜨거운 강물에 던졌다. 그러자 놀라운 일이 벌어졌다. 고무보트가 팽팽하게 부풀어 오른 것이다.

"이게 어떻게 된 일이야?"

레이의 눈이 휘둥그레졌다.

"일단 배에 타고, 가면서 얘기하자."

두 사람은 고무보트에 올라 노를 저었다. 잠시 후 테로

우 일당이 모두 강가에 도착했을 때는 이미 고무보트가 멀어지고 난 후였다.

"어떤 마술을 부린 거지?"

레이는 고무보트가 팽팽해진 것이 무척 궁금했다.

"샤를의 법칙을 이용한 거야."

"그게 뭐야?"

"기체는 온도가 올라가면 부피가 커져. 고무보트 안의 공기도 기체니까 이 법칙을 따르지. 다행히 강물이 뜨거운 온천물이어서 공기의 부피가 커져 고무보트가 팽팽해진 거야."

 케미팬과 레이를 태운 보트는 무사히 강을 건넜다. 두 사람은 보트에서 내리자마자 공장 반대편 바닷가로 갔다. 그곳이 바로 작전을 모두 마친 후 철수할 때 접선하기로 한 장소였기 때문이다.

 테로우의 근거지였던 공장 부근 하늘 위로 어느새 첩보국 헬기가 나타났다. 테로우 일당을 싹쓸이할 모양인지 밧줄을 타고 수많은 특수 부대원들이 뛰어내리고 있었다. 그리고 두 사람의 머리 위로는 첩보국에서 보낸 오렌지색 커다란 열기구가 나타나 두 사람을 데리고 갈 준비를 했다.

LOOK!

축하합니다.
당신은 모든 스테이지를 통과했습니다.

볼츠만과 채팅하기

볼츠 님{볼츠만}이 입장하셨습니다.

케미 님{케미팬}이 입장하셨습니다.

샤를의 법칙

볼츠: 기체는 열을 받으면 점점 팽창해.

케미: 고체나 액체도 그렇잖아요?

볼츠: 물론. 하지만 기체는 아주 재미있는 법칙을 따르거든.

케미: 어떤 법칙요?

볼츠: 프랑스의 샤를이라는 과학자가 찾아낸 법칙인데, 기체는 온도가 1도 올라가면 0도 때 부피의 $\frac{1}{273}$ 만큼 커져. 그리고 2도 올라가면 0도 때 부피의 $\frac{2}{273}$ 만큼, 3도 올라가면 0도 때 부피의 $\frac{3}{273}$ 만큼

커지는 식이지.

케미: 그게 무슨 말이에요?

볼츠: 어떤 기체가 0도 때 273리터 있다고 해봐. 그럼 이 기체의 1도 때의 부피는 얼마지?

케미: 273리터의 $\frac{1}{273}$ 은 1이니까 274리터가 되죠.

볼츠: 2도일 때는?

케미: 273리터의 $\frac{2}{273}$ 는 2니까 275리터가 되는군요.

볼츠: 바로 그게 샤를이 발견한 기체의 팽창에 관한 법칙이야.

문제 4-1

어떤 기체가 0도일 때 부피는 546리터다. 3도일 때 이 기체의 부피는 얼마인가?

열기구

볼츠: 이번에는 열기구의 원리에 대해 알려 줄게. 열기구는 공기를 가득 채운 풍선이야. 공기는 뜨겁게 해주면 팽창하고 팽창한 공기는 가벼워져.

케미: 왜 가벼워지죠?

볼츠: 정확하게 말하면 밀도가 작아진다고 해야 해. 밀도는 질량을 부피로 나눈 값이야. 즉 같은 부피를 취했을 때 가벼울수록 밀도가 작은 거지.

케미: 예를 들면 솜이 쇠보다 밀도가 작겠군요.

볼츠: 물론! 나무도 쇠보다 밀도가 작아.

케미: 그런데 왜 공기의 밀도가 작아지면 열기구가 위로 떠오르는 거죠?

볼츠: 밀도가 작은 물질은 밀도가 큰 물질보다 위로 올라가려는 성질이 있어. 나무를 물에 넣으면 뜨지? 그건 나무의 밀도가 물보다 작기 때문이야. 하지만 쇠는 물에 가라앉아. 쇠의 밀도가 물

의 밀도보다 크기 때문인데, 이건 기체에서도 마찬가지야. 주변 공기보다 밀도가 작은 기체는 위로 올라가고 그보다 밀도가 큰 기체는 가라앉지.

케미: 아하! 그래서 뜨거운 공기가 밀도가 작아져서 위로 올라가는군요. 그럼 애초부터 공기보다 가벼운 기체를 넣으면 되잖아요?

볼츠: 좋은 방법이야. 대표적으로 공기보다 밀도가 작은 기체는 수소와 헬륨이야. 이들 기체를 채운 기구는 온도와 관계없이 무조건 위로 방방 뜨게 되어 있지. 하지만 수소는 좀 위험해.

케미: 그건 왜죠?

볼츠: 구멍이라도 생겨서 수소가 공기 중으로 빠져나가면 수소가 공기 중의 산소와 급격한 반응을 해서 폭발해 버리거든.

케미: 옴메, 무서워라.

 ## 서프라이즈 진실 혹은 거짓

1_ 열기구를 처음 발명한 사람은 샤를이다.

☐ 진실　　　　　☐ 거짓

2_ 쭈그러진 페트병을 불가에 놓으면 소리가 난다.

☐ 진실　　　　　☐ 거짓

3_ 영하 273도에서 모든 기체의 부피는 0이 된다.

☐ 진실　　　　　☐ 거짓

 ## 알쏭달쏭 내 생각

 이윤차 씨는 자전거광이다. 그는 여름만 되면 자전거를 타고 전국을 돌아다니는데, 이번 여름에도 혼자서 자전거 전국 투어를 하기로 했다. 투어에 앞서 그는 자전거 정비소에 들러 타이어를 점검했고, 정비사인 팽팽해 씨가 타이어에 공기를 팽팽하게 채워 주었다.

 이윤차 씨는 부푼 가슴을 안고 투어를 시작했는데, 첫날 인적이 드문 숲 속 도로에 이르자 자전거 타이어는 펑크가 나고 말았다. 이윤차 씨는 휴대전화도 터지지 않아 길에서 날밤을 새웠고, 이로 인해 감기 몸살에 걸려 이번 해에는 자전거 투어를 포기하기로 했다.

화가 난 이윤차 씨는 이 모든 것이 팽팽해 씨 때문이라고 주장했는데, 여러분의 생각은?
 ☐ 팽팽해 씨의 잘못이다.　☐ 팽팽해 씨는 잘못이 없다.

아하! 알았다 정답

문제 4-1

0도 때 부피의 $\frac{3}{273}$ 만큼 부피가 증가하므로 부피는 6리터 증가하여 552리터가 된다.

진실 혹은 거짓

1_ 거짓

열기구를 처음 발명한 사람은 몽골피에 가문의 두 형제인 조제프 몽골피에와 에티엥 몽골피에다.

프랑스 론 강변의 작은 마을 아노네에서 커다란 제지공장을 운영하고 있던 두 형제는 물체가 날아올라갈 수 없을까 하고 많은 고민을 했다. 그들은 커다란 종이자루에 증기를 채우면 구름처럼 하늘을 둥실 떠다닐 수 있을 것이라고 생각했다.

1783년 6월 5일, 몽골피에 형제는 이런 생각을 많은 사람들이 보는 앞에서 실험해 보기로 했다. 형제는 지름이 12센티미터인 종이자루를 긴 기둥에 묶고 자루의 주둥이 밑에 밀짚과 땔나무를 가득 쌓았다. 형제가 땔나무에 불을 붙이자 연기가 피어올랐고 자루는 팽팽하게 부풀어 커다란 공이 되었다. 뜨거워진 공기가 팽창했기 때문이다.
이 공은 둥실둥실 하늘로 올라가 10분 만에 2,000미터 높이까지 올라갔다. 하지만 종이자루는 계속 올라가지 못하고 추락하여 포도밭에 떨어지고 말았다.

2 _ 진실
높은 온도로 페트병 안 공기가 팽창하면서 페트병 주위의 공기가 진동해 우리 귀에 소리로 들린다.

3 _ 진실
모든 기체는 0도에서 1도 올라갈 때 0도 때 부피의 $\dfrac{1}{273}$배만큼 늘어나고 반대로 1도 내려갈 때는 $\dfrac{1}{273}$배만큼 줄어든다. 그러므로 0도에서 273도 내려간 영하 273도에서는 기체의 부피가 0이 된다.

알쏭달쏭 내 생각

팽팽해 씨의 잘못이다.

여름에는 타이어 안의 공기가 샤를의 법칙에 의해 팽창하므로, 공기를 가득 채우면 펑크가 날 위험이 있다.

GO! GO! 과학특공대 05

온도와 상태를 변화시키는 열

지은이 • 정 완 상
펴낸이 • 조 승 식
펴낸곳 • 도서출판 이치 사이언스
등록 • 제9-128호
주소 • 142-877 서울시 강북구 한천로 153길 17
블로그 • blog.naver.com/booksgogo
전자우편 • bookshill@bookshill.com
전화 • 02-994-0583
팩스 • 02-994-0073

2007년 12월 10일   제1판 1쇄 발행
2014년 8월 5일   제1판 7쇄 발행
2023년 10월 10일   제2판 6쇄 발행

가격 6,500원

ISBN 978-89-98007-29-4
978-89-91215-70-2(세트)

• 잘못된 책은 구입하신 서점에서 바꿔 드립니다.

GO! GO! 과학특공대 시리즈

1. 가장 위대한 발명 **수**
2. 끼리끼리 통하는 **암호**
3. 구석구석 미치는 **힘**
4. 찌릿찌릿 통하는 **전기**
5. 온도와 상태를 변화시키는 **열**
6. 세상의 기본 알갱이 **원자**
7. 수·금·지·화·목·토·천·해 **태양계**
8. 몸무게가 줄어드는 **달**
9. 끝없는 초원에서 만난 **아프리카 동물**
10. 숨 쉬고 운동하는 **식물의 생활**
11. 달려라 달려 **속력**
12. 흔들흔들 **파동**
13. 세어볼까? **경우의 수**
14. 울려라 울려 **악기과학**
15. 초록 행성 **지구**
16. 보글보글 **기체**
17. 조각조각 **분수**
18. 반사하고 굴절하는 **빛**
19. 무게가 없는 **무중력**
20. 나눌까 곱할까? **약수와 배수**
21. 꾹꾹 눌러 **압력**
22. 뛰어 보자 **수뛰기**
23. 둥둥 뜨게 하는 **부력**
24. 외계에서 온 UFO
25. 쉽고 빠른 셈셈 **셈**
26. 우리의 가장 오랜 친구 **곤충**
27. 밀고 당기는 **자석**
28. 신기하고 놀라운 **삼각형**
29. 맞혀 볼까? **확률**
30. 한눈에 쏙쏙 **통계**

다음 책들이 곧 여러분을 만날 준비를 하고 있습니다.
많이 기대해 주세요.

- 사각형
- 비율
- 도형
- 놀이동산
- 도구
- 액체
- 화학반응
- 용액
- 숲속의 벌레
- 우리 주위의 동물
- 세계 곳곳의 동물
- 새
- 여러 종류의 동물
- 소화
- 인체
- 지구 변화
- 날씨
- 지질시대
- 바다